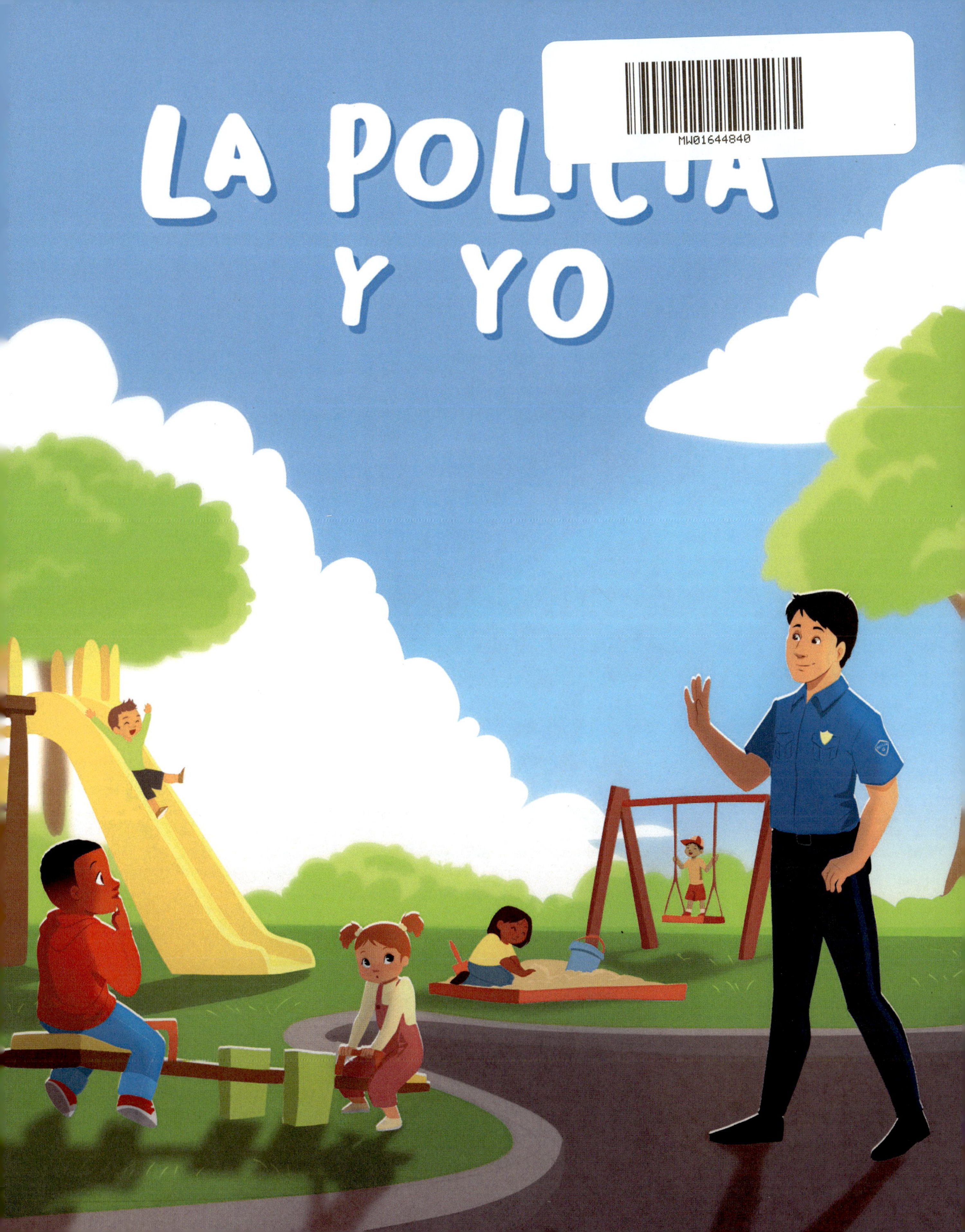
LA POL
Y YO

Dedicatoria

Duke, gracias por tu entusiasmo por ayudar a Papá a crear este libro para así enseñar a otros niños y sus padres lo que tú ya has tenido la gran fortuna de aprender. Te quiero, chico.

-Papá

Todos los sábados por la tarde, Papá y yo salimos a comer helado.
Es mi parte favorita del fin de semana.

Rumbo a la heladería en el coche de Papá, de repente, vimos que se encendieron unas luces azules y rojas detrás de nosotros.

¡Era la policía!

Papá paró el coche en el borde de la calle para hablar con el oficial.

"Duke, quédate quieto", dijo Papá.

Me puse nervioso, pero Papá estaba muy calmado. Apagó la música, bajó los vidrios y apagó el motor del coche.

Papá quitó las llaves del encendido y las puso en el tablero. Luego puso ambas manos sobre el volante.

"Hijo, mantén las manos donde el oficial las pueda ver, ¿de acuerdo?", dijo Papá.

"Está bien..." respondí. Puse mis manos en mis piernas.

El policía se acercó a la ventanilla de Papá y lo saludó.

"Buenas, señor. ¿Me enseña su licencia de conducir?", dijo el oficial.

"Claro", dijo Papá, entregando su licencia al oficial.

Yo me quedé quieto observando cómo revisaba la licencia de Papá.

El oficial dijo que pensó que Papá estaba conduciendo un poco rápido. Le devolvió la licencia a Papá y le dijo que condujera con cuidado.

"Así lo haré, señor oficial", dijo Papá, antes de encender el coche e irse.

Yo no entendía cómo Papá estaba tan calmado después de eso.

"Papá, me dio miedo cuando el policía paró nuestro coche. Pensé que nos habíamos metido en un lío y que podía hacernos daño", dije.

"Duke, ¿estás pensando en esos problemas espantosos entre la gente y la policía que has visto en la tele?", preguntó Papá.

"No pasan cosas malas cada vez que la policía para a la gente. La policía hace muchas otras cosas".

"¿Qué cosas, Papá?", pregunté.

"Conozco al jefe Keyes, el jefe de policía local. ¿Y si lo llamo para preguntar si podemos visitar la estación de policía antes de ir a comer helado?

Así puedes ver dónde trabaja la policía y aprender lo que hace, para que no te sientas tan nervioso", dijo Papá.

"¡Genial!", respondí.

Cuando llegamos a la estación de policía, al jefe Keyes le encantó la idea de enseñarnos el lugar.

"¡Hola, Duke!", dijo el jefe Keyes, dándome un apretón de manos. "Tu papá me dice que quieres aprender más acerca de la policía. ¿Qué quieres saber?"

DEPARTAMENTO
DE POLICÍA
POLICÍA

"¿Qué hacen los oficiales de policía?", pregunté.

"El trabajo de un policía es hacer cumplir las leyes", dijo el jefe Keyes. "Es como cuando tus profesores se aseguran de que cumplas las reglas en la escuela. Los policias pueden ayudar a personas que están enfermas o que necesitan protección. También pueden ayudar a los bomberos y paramédicos".

Mientras el jefe Keyes nos mostraba la estación, ¡me di cuenta de que era un lugar muy movido!

Vi a unos oficiales en uniforme llamados "patrulleros". Conducen sus patrullas por la comunidad para protegerla y asegurar que la gente no cometa delitos.

Algunos policías hasta andan en motocicleta. Son los "patrulleros motorizados".

A la vuelta de la esquina, había unos policías llamados "detectives", con placas brillantes.
El jefe Keyes dijo que su trabajo es resolver delitos, como buscar coches robados o personas desaparecidas.

DESAPARECIDA
HOMBRE SOSPECHOSO
COCHE ROBADO

En la sala siguiente, unos trabajadores llamados "operadores" hablaban con personas que llamaban al 911 para reportar emergencias.

Ellos se encargan de enviar a la policía a las personas que necesitan ayuda.

S.W.A.T.

¡Había también unos policías que llevaban casco y parecían unos robots gigantes! Aprendí que son el equipo SWAT.

Ayudan a rescatar a personas que están en apuros, y a veces atrapan a personas peligrosas, como ladrones de bancos.

¡Hasta vi a una oficial que era piloto de helicóptero! Ella puede ver todo tipo de cosas desde el cielo. No podía creer que hubiera tantos tipos de policías. Todos ayudan a hacer cumplir las leyes y a proteger a las personas.

POLICÍA

Cuando estábamos a punto de irnos, visitamos otra parte de la estación llamada la "cárcel". Es donde las personas van cuando son arrestadas.

Había policías que llevaban a personas llamadas "sospechosos" a la cárcel con unos brazaletes en las muñecas llamados "esposas". La policía les pone esposas a los sospechosos para que no hagan daño a otras personas o a sí mismos.

"Jefe Keyes, ¿por qué son arrestadas las personas?", pregunté.

"Cuando alguien no cumple las leyes", dijo el jefe, "a veces es arrestado y llevado a la cárcel. Es importante cumplir las reglas de la comunidad. Es como cuando los estudiantes no respetan las reglas en la escuela", continuó. "A veces tienen que ir a la oficina del director".

La visita había llegado a su fin, y era hora de irnos. Papá y yo le dimos las gracias al jefe Keyes por mostrarnos la estación de policía.

ESTACIÓN DE POLICÍA

Mientras caminábamos al coche, pensaba en las personas esposadas y las cosas malas que he escuchado acerca de la policía.

"¿La policía a veces le hace daño a la gente, no, Papá?", pregunté.

"Es cierto, hijo", respondió.

"Papá, ¿qué debería hacer o decir si un policía se me acerca y me habla?", pregunté.

"Bueno, la policía tiene la autoridad, o el poder, de detenerte y hacerte preguntas", respondió Papá.

Papá me dijo lo que debería recordar si llegaba a hablar con la policía.

LO QUE DEBES HACER

Lo primero que debes hacer siempre es respirar profundo y mantener la calma.

Puedes decirle tu nombre y cuántos años tienes.

Como no eres adulto, puedes decirle al oficial que necesitas llamarme a mí o a tu mamá.

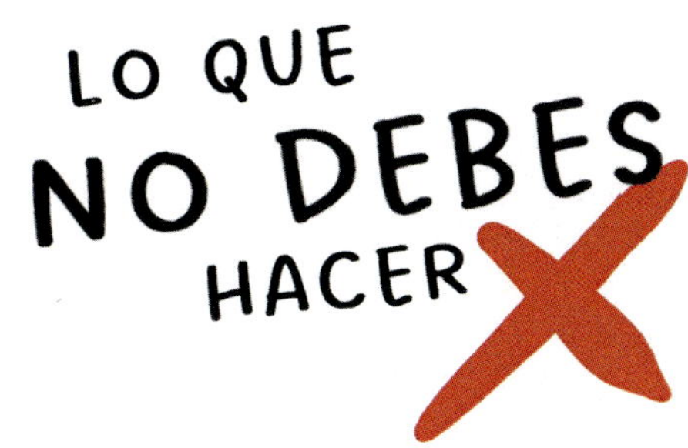

Pero asegúrate de hacer solo lo que los policías te pidan.

No discutas con la policía, porque eso podría empeorar la situación.

Nunca te resistas ni trates de alejarte, nunca corras y nunca pelees con la policía. Es así que las personas pueden salir lastimadas.

"Me alegro de que hayamos visitado la estación de policía hoy, Papá. Ahora ya sé qué es lo que hace la policía", dije.

"Y además sé qué decir y hacer si tengo que hablar con la policía".

Mientras nos alejábamos de la estación de policía, Papá y yo vimos a una oficial que había parado un coche.

El conductor le estaba gritando con rabia.

"Papá, es importante mantener la calma y no empeorar las cosas, ¿no?", pregunté.

"¡Sí, hijo!", respondió sonriendo. "¡Estás aprendiendo! ¡Ahora vamos a comer helado de chocolate!"

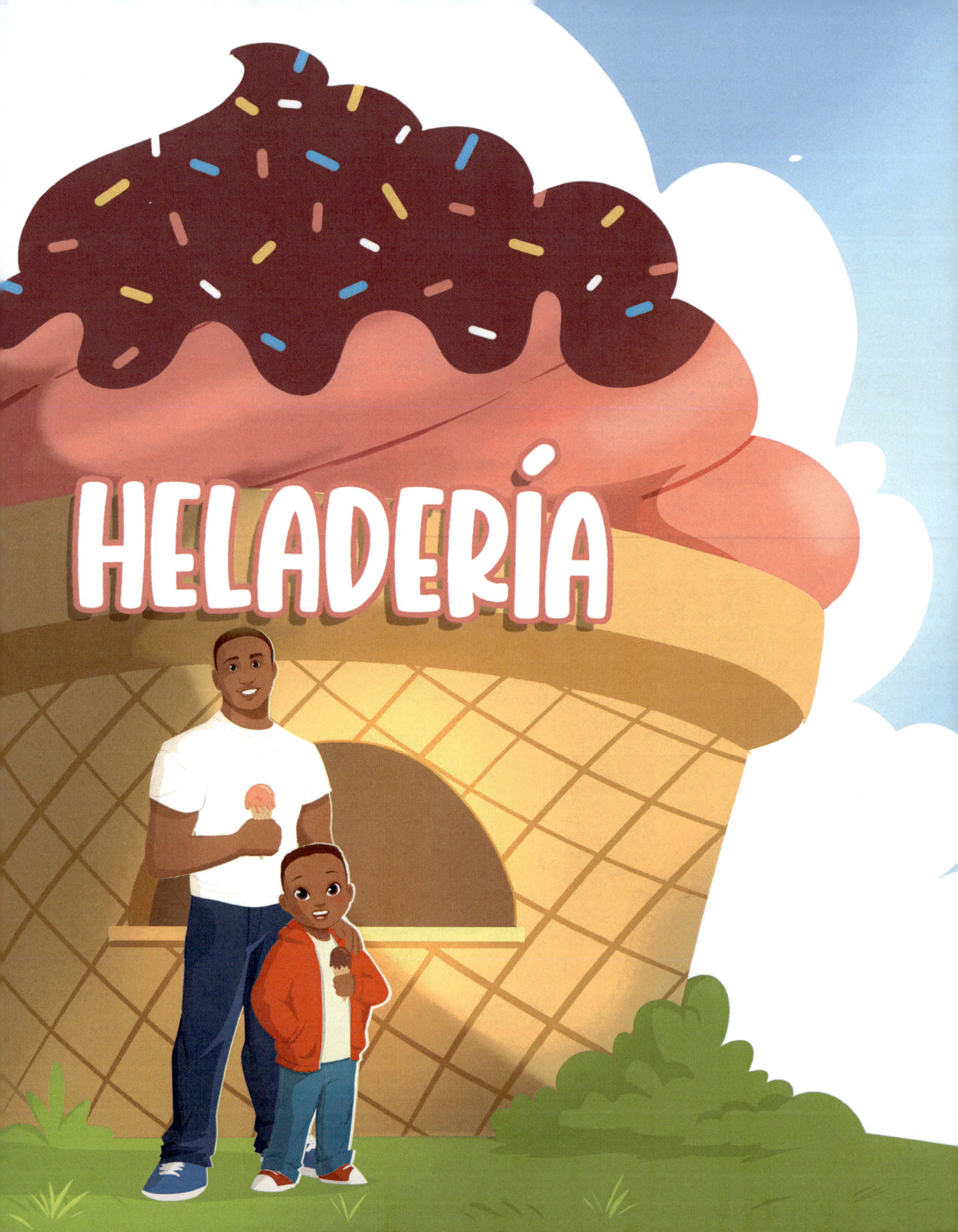
HELADERÍA

El autor

Derrick Dotson, fundador de The Black Sanctuary, es un funcionario público con más de veinte años de experiencia con las fuerzas del orden público y la seguridad privada. Derrick comenzó a compartir sus conocimientos profesionales porque cree que, si las personas supieran más acerca de la policía y el uso de la fuerza, las interacciones entre los civiles y la policía serían más productivas y pacíficas.

Derrick es de Nueva York y tiene una licenciatura en trabajo social de Norfolk State University. Es un ávido lector y halterófilo, y le gustan además el yoga y las artes marciales.

Puedes seguir a Derrick Dotson en Facebook, Instagram y LinkedIn @theblacksanc o visitar TheBlackSanctuary.com para más información.

La policía y yo, por Derrick Dotson

Contacto para permisos:
contact@theblacksanctuary.com
Ilustraciones de Sandra Figueras
Traducción de Kenneth Barger
ISBN tapa blanda 979-8-9860854-0-1
ISBN tapa blanda 979-8-9860854-3-2
ISBN tapa dura 979-8-9860854-1-8
ISBN libro electrónico 979-8-9860854-2-5
ISBN libro electrónico 979-8-9860854-4-9
Publicado por The Black Sanctuary
Facebook, Instagram, LinkedIn: @theblacksanc
Impreso en Estados Unidos
Para más información o para organizar un evento, visite nuestro sitio web:
www.theblacksanctuary.com

Made in the USA
Middletown, DE
21 January 2024